8° R
21253
(1929,IV)

SOMMAIRE DES LEÇONS

DE LA

XXIe SESSION

DES

Semaines Sociales de France

Tenue à BESANÇON
du 29 Juillet au 3 Août 1929

Les Nouvelles Conditions de la Vie Industrielle

8° R.
21253
(1929, IV)
AF728331

LYON
CHRONIQUE SOCIALE DE FRANCE
16, Rue du Plat, 16

La Rationalisation est-elle un progrès ?

Leçon d'ouverture par M. EUGÈNE DUTHOIT
Président de la Commission générale

PRÉAMBULE

Les nouvelles conditions de la vie industrielle ont un côté *technique* dont la valeur et l'efficacité échappent à nos jugements. Mais elles ont aussi un côté *humain, moral, social :* il s'agit de savoir si elles répondent aux vraies *fins* de la production et du travail. A la lumière des enseignements de l'Eglise, qui a compétence pour juger, du point de vue moral, les rapports économiques, nous allons examiner si la « rationalisation » est un vrai *progrès.* D'une façon générale, le progrès social consiste dans cet accroissement de bien commun grâce auquel les membres du corps social tendent avec plus d'aisance à leur suprême destinée, dans les conditions de nature et de surnature où ils sont placés.

I

Qu'est-ce que la « rationalisation » ?

Le *mot* est venu d'Allemagne, la *chose,* pour partie d'Amérique.

Autre chose et plus que la *concentration,* que le *taylorisme,* que l'*organisation scientifique du travail,* que l'*art de diriger les entreprises,* que la tendance à *fabriquer en série,* la rationalisation tend à donner au rythme de la vie industrielle une direction d'ensemble, en vue de réduire au minimum les déperditions de forces, et de porter au maximum le rendement de la production.

De l'*atelier* où l'on taylorise à l'*usine* qu'on équipe scientifiquement ; de l'*entreprise,* administrée selon les règles de Fayol, à l'*entente industrielle* sur le plan régional, national, international ; des *industries privées* aux *services publics* qui, à leur tour, s'ajustent comme ils peuvent à l'ordre nouveau : partout, à tous les degrés, à tous les étages, apparaît une même tendance à « adapter », à « organiser » la production, à en « coordonner » les branches.

Substituer, en vue d'un rendement plus profitable, d'une production moins coûteuse, au libre jeu des activités et des intérêts individuels un ordre réfléchi, voulu, qui procède par mouvements de grande amplitude : voilà la rationalisation.

II

La rationalisation est-elle un progrès ?

1° Les raisons de le penser

a) L'homme doit remplir la terre et la soumettre à son empire (voir le texte de la *Genèse*, I, 26). La rationalisation lui en donne le moyen. Elle écarte la résistance qu'oppose à l'essor de la population le *rendement limite,* dont parlent les économistes. C'est un premier bienfait.

b) Elle ne libère nullement l'homme de la loi du travail (rien n'est moins souhaitable). Mais elle épargne à l'homme d'inutiles fatigues, ménage ses forces, le met en garde contre le *gaspillage,* sous toutes les formes.

c) Par le *souci d'organisation* qui anime ses promoteurs, la rationalisation réagit contre les « fatalités économiques », dont s'est trop longtemps accommodé le libéralisme, théorique et pratique.

d) A la faveur de l'organisation qui progresse, la personnalité de la grande entreprise se dégage avec un relief plus saisissant ; l'entreprise fait figure d'*institution.* Le terme logique de cette évolution devrait être la prédominance, dans la politique économique de l'entreprise, *du bien commun,* non seulement de ses actionnaires, mais de tous ceux qui, à un titre quelconque, participent à sa vie ; tendance qui devrait être générale chez les chefs d'entreprise simplement intelligents, *a fortiori* chez ceux qui joignent la conscience à l'intelligence.

2° Les raisons d'en douter

a) Illusions auxquelles se laissent entraîner les promoteurs de la rationalisation :

1° La rationalisation est une recette infaillible de *succès.* Raisons de douter tirées de l'évolution industrielle de l'Allemagne contemporaine.

2° La rationalisation élève d'elle-même le *niveau humain,* la valeur et la félicité d'une société. Il n'en est rien si elle ne

Salut au bon « Semainier » que vous allez être ! Le bon semainier se sert de cette brochure non pour se dispenser d'assister aux cours, mais pour les mieux suivre, en s'aidant des pages blanches qui retiendront ses notes personnelles.

Une bonne recette pour tirer tout le parti possible de l'enseignement de la Semaine : arriver à l'heure pour les cours et attendre la fin pour partir.

s'accompagne pas d'un progrès spirituel, d'un effort plus grand vers la fraternité.

b) Lacunes des méthodes de rationalisation dans un milieu qui serait imprégné de neutralité morale.

1° Ces méthodes ne révèlent point les *vraies fins* de la production et du travail : or la méconnaissance de ces fins entraîne, comme une conséquence fatale, la lutte sans merci pour la possession des biens de ce monde.

2° Ces méthodes ne sauraient non plus, à elles seules, donner vie aux *corps sociaux* dont l'existence est nécessaire aux agents humains de la production. Comment résoudre les difficiles problèmes qu'a fait naître l'avènement du syndicalisme ? La rationalisation ne saurait y prétendre qu'en faisant appel à des principes de justice et de charité qui lui soient antérieurs et supérieurs.

c) Fermer les yeux à cette lumière plus haute c'est affronter de multiples dangers :

Le risque d'une *production désordonnée* qui dépasse le pouvoir de consommation des masses ;

L'oubli du *primat de la terre* et de la *production agricole ;*

Le risque de *mécanisation du travail* humain ;

Le risque de *chômage ;*

La menace que peut constituer pour *l'art* et l'éclosion des vocations artistiques le règne systématique de la production en série.

Danger inévitables, sans doute, mais comment ?

III

A quelles conditions la rationalisation sera-t-elle un vrai progrès ?

Trois questions préjudicielles à trancher.

Les biens matériels que fournit la production sont-ils des *moyens* ou une *fin ?*

Quelle place occupent-ils dans la *hiérarchie des biens ? A qui* sont-ils destinés ?

A ces questions la morale catholique répond avec une netteté singulière.

Les biens utiles à la conservation, à l'entretien, à l'agrément de la vie ne sont que des *moyens ;* s'ils étaient une fin, la concupiscence, qui allume les haines et les conflits, n'aurait plus de frein.

Dans la hiérarchie des biens, les biens matériels n'occupent pas la *première* place, car les satisfactions qu'ils procurent ne sont que des moyens par rapport à la fin véritable et suprême.

Enfin, si l'on regarde leur usage, ces biens sont, non pas *privés*, mais *communs*, chacun étant tenu d'en faire part facilement aux autres dans leurs nécessités.

Ces principes aident à comprendre à quelles conditions sera vraiment « rationnel » le régime de la production et comment la rationalisation doit se dépasser elle-même sous le signe d'une discipline plus haute.

a) Bien incomplète est une rationalisation qui se contente de régler la fabrication et les techniques commerciales et qui ne va pas jusqu'à discipliner la puissance qui domine aujourd'hui toute production : *celle de l'argent et du crédit.* Soumettre les opérations de crédit, par le moyen d'institutions appropriées, à une norme de justice et aux exigences du bien commun ; rendre effectives la responsabilité du capital, la juste mesure et la discipline du profit, voilà l'objet d'une rationalisation qui ne s'arrêterait pas à la surface des choses.

b) Il lui faudrait encore répartir *selon l'ordre les activités* productives, en assurant la *primauté* des plus nécessaires. Orienter les hommes, par le moyen d'une éducation appropriée et d'une sage discipline, vers les tâches qui importent le plus au bien commun, c'est sagesse. Il n'est pas rationnel que tant d'hommes désertent la terre et que ce soit le financier qui tienne les leviers de commande de l'activité générale.

c) Vouloir « la plus grande production possible » c'est prévoir un *accroissement du pouvoir de consommation des masses.*

Qu'est-ce qui élargit vraiment ce pouvoir ?

L'esprit de jouissance ? Il ne le fait que temporairement et finit bien vite, en ruinant la santé et la vie, par rétrécir les débouchés qu'il avait paru ouvrir.

Ce qui étend le pouvoir de consommation des masses c'est le *don de la vie,* généreusement offert selon les lois du mariage; c'est la *justice sociale* qui crée des institutions favorables aux classes moyenne et populaire ; c'est la *charité* qui secourt la détresse jusque dans les cas individuels et accidentels que n'atteint pas le jeu des institutions.

Là où règnent justice et charité, les rendements que donne la rationalisation la plus poussée ne sont pas excessifs ; *on ne rationalise jamais trop.*

Sans justice et sans charité, la rationalisation ressemble au navire lancé en pleine mer sans pilote et sans boussole.

Si vous désirez vous procurer le texte de la Déclaration d'ouverture du Président de la Semaine Sociale, demandez-le à la librairie de la Semaine Sociale.

N'attendez pas le dernier moment pour retirer vos tickets de repas. Vous éviterez des complications dans le service, et le repas sera meilleur.

Les Fins de la Production et du Travail dans l'Ordre Chrétien

Cours du R. P. Gillet, *O. P.*
Maître en Théologie.
Provincial des Dominicains

En quoi consiste l'Ordre social chrétien, et quelles sont, en conformité avec cet ordre, les vraies fins de la production et du travail ?

I

L'Ordre social chrétien

Certains voudraient que l'Eglise, chargée uniquement des intérêts spirituels de ses membres, se désintéressât de tout ce qui, de près ou de loin, touche à leurs intérêts matériels. Volontiers ils créeraient un *Ordre social* indépendant de l'*Ordre moral*, à plus forte raison de l'*Ordre religieux*, sans autre lien entre eux que quelques actes intermittents d'une vague et imprécise charité. Selon eux, l'Eglise n'a rien à voir ni à dire dans le problème si actuel et si complexe de la *Production* et du *Travail*.

Cette façon d'envisager les choses dénote une incompréhension totale de la nature et des exigences de la vie chrétienne. Il est vrai que la grande affaire pour un chrétien, c'est de connaître Dieu, de l'aimer, de le servir en ce monde pour être sûr de le posséder dans l'autre. Mais un chrétien peut-il y arriver seul, par ses propres moyens, sans le secours de la société ?

Il ne peut sûrement pas y arriver sans le secours de la société religieuse, spirituelle qu'est l'Eglise, qui met à la disposition de chacun de ses membres son Dogme, sa Morale, son Culte, — c'est-à-dire son *Bien commun spirituel et surnaturel.*

Mais le peut-il sans le secours de la société civile, et par conséquent sans la participation au *Bien commun* dont elle dispose en faveur de tous les citoyens ? Pour répondre à cette question, il n'est que de rappeler deux vérités expérimentales, et de les rapprocher. *La première* est qu'on ne peut pas se flatter de vivre en chrétien sans vivre ou mourir en honnête homme, puisque la grâce, loin de détruire la nature, la perfectionne. *La seconde* est que l'homme a autant besoin de la société civile pour vivre d'une façon digne de la personne humaine, que le chrétien a besoin de l'Eglise pour vivre chrétiennement. Il s'en suit que le rapport de la société civile à la société religieuse est du même ordre que celui de l'homme au chrétien ; c'est un rapport de subordination, s'il est vrai que la fin surnaturelle du chrétien l'emporte sur la fin de l'homme, et s'il est vrai en outre que ces deux fins, loin de se contredire, se complètent. On ne peut pas plus séparer la société civile de la société religieuse qu'on ne peut séparer l'homme du chrétien. Ainsi donc l'*Ordre social chrétien embrasse tout.* Si le spirituel relève directement de l'Eglise, le matériel en relève indirectement, par les rapports étroits qu'il soutient avec le spirituel. L'Eglise ne peut donc se désintéresser de la façon dont on pose autour d'elle, dans la société civile qui lui est subordonnée, le problème économique. La vie spirituelle de ses membres y est engagée ; leur salut lui-même en dépend.

II

Les fins de la production et du travail dans l'Ordre chrétien

Si la Production, comme son nom l'indique, consiste, grâce aux forces combinées et organisées de la nature, du travail et du capital, à enrichir matériellement le Bien commun de la société, à y accumuler des richesses, elle doit avoir pour fin celle même du *Bien commun,* à savoir d'assurer le *bien-être* ou le *mieux-être* des membres de la société.

Mais de quel bien-être s'agit-il ? L'Eglise ne peut l'entendre que d'un bien-être qui soit une des conditions du bonheur surnaturel, tel que celui qui résulte de la satisfaction en ce monde et dans l'autre des besoins les plus profonds de l'homme, ceux du cœur et de l'intelligence. A aucun prix, elle ne peut admettre que la fin de la Production et du Travail ne dépasse pas l'ordre des besoins matériels, et soit isolée des autres fins spirituelles, et en particulier de la fin dernière du chrétien qui doit commander, orienter et féconder toute son activité humaine. Le *libéralisme économique,* le *socialisme* lui-même sont condamnés par l'Eglise, dans la mesure où ils assignent pour fin unique à la Production et au Travail les biens matériels. En ce qui concerne la *Rationalisation,* l'Eglise n'en est pas l'ennemie, bien au contraire. Tout ce qui, sous ce nom et ceux de Taylorisme, Fayolisme, Fordisme, Standardisation, Normalisation, peut contribuer à l'amélioration du sort de l'ouvrier, elle l'ap-

La Semaine Sociale facilite les échanges de vues entre hommes d'action. Mais le souci de propager une œuvre qui vous tient à cœur ne doit pas l'emporter sur le désir de procurer le succès de la Semaine. Point de rendez-vous ni de réunion durant les grands cours.

prouve et l'encourage. Mais d'avance elle réprouve tout ce qui, du fait d'une conception matérielle de la *Production,* enlèverait au Travail, avec ses qualités professionnelles, sa valeur humaine, réduirait plus ou moins l'ouvrier à l'état d'automate, et du même coup paralyserait ses besoins humains par une organisation scientifique, mais trop exclusivement matérielle, de son repos et de ses plaisirs. Etre heureux, pour l'Eglise, c'est, à la faveur d'un certain bien-être et d'un bien-être certain pour tous, pouvoir, parmi les distractions les plus hautes et les plus légitimes, mener sa vie d'intelligence et de cœur comme il convient à des hommes et surtout à des chrétiens, en remplissant tous ses devoirs, en pratiquant la vertu, en fondant un foyer chrétien, en élevant chrétiennement ses enfants, en un mot, et quelle que soit sa vocation ou sa profession, en aimant Dieu de tout son cœur, de toute son âme et de toutes ses forces, et son prochain comme soi-même pour Dieu. Le salut éternel est à ce prix, et à ce prix seulement.

L'Entreprise industrielle d'aujourd'hui : sa structure économique

Cours de M. René Lemaire

Industriel

Après avoir considéré ce qu'est dans son ensemble la rationalisation, idée maîtresse des « nouvelles conditions de la vie industrielle », et avant de scruter les diverses conséquences morales, sociales, politiques même de cette nouvelle vie industrielle, il est indispensable de se représenter exactement ce qu'elle est *en fait :* bien connaître ce dont on va discuter est une règle de bon sens élémentaire, — d'où l'objet de la présente leçon placée au début de la Semaine Sociale, pour rappeler ce qu'est « la structure économique de l'entreprise industrielle moderne », — d'où également le caractère de cette leçon, auquel on s'efforcera, pour qu'elle réponde à son but, de donner une forme aussi concrète que possible.

Si l'on se poste en simple observateur considérant les entreprises modernes, on constate certains faits et certaines méthodes, — les faits issus d'une évolution en quelque sorte fatale, les méthodes au contraire produites plus directement par la seule volonté humaine, — faits et méthodes qui, se retrouvant tantôt réunis, tantôt séparés dans les entreprises modernes, en composent les physionomies diverses... Notre plan tout indiqué consistera donc à étudier successivement, en autant de chapitres distincts, ces faits et ces méthodes, puis à en apprécier les avantages et les inconvénients.

Donc regarder d'abord, — apprécier ensuite et conclure.

A regarder que voyons-nous ?

De grandes usines, occupant un personnel considérable, — une activité intense, un matériel énorme, machines nombreuses, variées, puissantes, — la même entreprise groupant souvent les fabrications les plus diverses concourant aux mêmes produits, absorption et intégration presque sans limites, puisqu'on voit la construction mécanique s'annexant au besoin l'imprimerie et le bâtiment, la miroiterie et le tissage, — du travail très divisé, très sérié, réglé, non seulement heure par heure, mais minute par minute, — les mêmes objets, tous pareils, reproduits en grandes quantités, apparus d'abord en morceaux, puis groupés et montés, — souvent même ce montage assuré d'une façon spécialement régulière et automatique par le dispositif de la chaîne, — beaucoup d'objets semblables même d'une usine à l'autre : en ce rapide schéma, les habitués des études économiques et industrielles auront reconnu au passage toutes ces questions qui leur sont familières : la concentration machiniste et capitaliste, l'intégration, le travail en séries, la Taylorisation et le travail à la chaîne, — la normalisation, — toutes choses qu'il est indispensable de considérer au moins sommairement, sans abuser de la technicité, mais avec des précisions suffisantes tout de même, pour que nous puissions, par ces divers traits, souvent étudiés séparément, faire apparaître la physionomie générale de la vie industrielle moderne.

La concentration industrielle est un phénomène trop connu pour qu'il soit nécessaire d'y insister longuement. Est-elle aussi absorbante que le donne à penser au premier abord la considération des masses ouvrières groupées, en certaines grandes villes, ou en certains centres industriels, charbonnages, tissages, forges et aciéries, constructions mécaniques, autour d'installations et d'outillages formidables ? L'examen des faits et des statistiques s'accorde à faire reconnaître qu'il subsiste en France une petite et moyenne industrie, un petit et un moyen commerce, relativement très importants... A la loi de la concentration, que la production subit de plus en plus, s'oppose, de la part de la consommation, une autre loi inéluctable, à laquelle la production doit se soumettre pour écouler ses objets, c'est

Vingt mille anciens auditeurs des Semaines Sociales, appartenant à toutes les classes, parlent et agissent dans le pays. Songent-ils assez à la force qu'ils représenteraient s'ils s'entendaient pour agir de concert ?

celle du client « servi » et bien servi... La grande industrie ne put se passer des prolongements locaux de la petite et moyenne industrie...

La concentration machiniste et capitaliste se double très souvent d'un autre fait : l'intégration, — on a désigné par ce vocable la réunion, sous une même direction, des entreprises diverses concourant à l'établissement d'un même produit final... Et là encore une certaine limitation apparaît, ne venant plus cette fois de la consommation, — mais imposée au contraire par des difficultés pratiques de production, provisoires peut-être, — avertissement tout de même qui indique la nécessité de ne pas vouloir « trop embrasser » si l'on veut continuer à bien faire...

Il serait sans doute inexact de qualifier de fatales ces évolutions économiques dans le sens de la concentration et de l'intégration, puisqu'elles ont bien été déclanchées par le fait de l'homme, ses inventions et ses machines... Et cependant l'initiative et la volonté humaine vont nous apparaître bien plus distinctes, quotidiennement visibles, dans ces autres traits de la vie industrielle moderne qui sont, non plus seulement des faits, mais surtout des méthodes.

Dès lors qu'on vise à produire beaucoup et au meilleur compte possible, il faut renoncer aux trop grandes variétés de types, qui dispercent les efforts : d'où le travail en grandes séries, quelques objets en types d'un nombre limité, reproduits presque indéfiniment en quantités énormes d'exemplaires semblables, jusqu'à la saturation de la consommation, — ou jusqu'à l'éclosion, généralement provoquée d'ailleurs, d'un besoin différent...

Mais il n'est point que par le travail en grandes séries qu'on puisse rechercher l'économie... Aussi bien dans le travail « sérié » que dans le travail non sérié, le prix de revient peut être affecté, dans une proportion souvent insoupçonnée, par le gaspillage même involontaire de matières, les pertes de temps, l'utilisation insuffisante des moyens dont on dispose, leur ordonnancement inopportun. Rechercher en tous ces points et d'autres encore *l'optimum* réalisable, ce sera l'objet de la Taylorisation, ou organisation scientifique du travail... Les résultats possibles en ce sens sont tels, et d'une telle portée économique et sociale, qu'il vaut la peine de s'y arrêter avec toute l'attention nécessaire et quelque insistance.

Et sans vouloir tout décrire de l'organisation scientifique du travail, nous devons considérer spécialement cette méthode si nouvelle et intéressante du « travail à la chaîne », qui va se retrouver de plus en plus, et un peu partout, dans l'entreprise industrielle moderne...

Un dernier trait, s'accusant aussi chaque jour davantage : la tendance à ce qu'on a appelé la normalisation ou standardisation, — c'est-à-dire la réduction des productions, après entente entre les producteurs d'une même nation, ou même de plusieurs nations, pour conserver seulement quelques types, en nombre limité, présentant partout les mêmes caractéristiques principales... On peut considérer déjà de nombreux exemples pratiques, intéressant directement le grand public et la consommation...

Et c'est ainsi que tout naturellement, ayant d'abord décrit, nous sommes amenés à apprécier et à conclure : la production concentrée, intégrée, en grandes séries, « chaînée », est-elle supérieure en qualité, ou inférieure, à la production fragmentée d'autrefois ? Peut-on lui prévoir une extension et des applications indéfinies ? Y a-t-il des limites, au moins des règles, à poser à l'organisation scientifique du travail ?... Indubitablement l'homme ne commet point de mal en appliquant les ressources de son intelligence à perfectionner constamment les moyens par lesquels il met en œuvre le magnifique et immense potentiel-matières que lui a donné la Providence. Par ailleurs, si l'on veut bien s'appliquer à mettre de l'ordre moral et chrétien dans le travail « rationalisé » de notre époque contemporaine, ce sera sûrement plus facile d'aboutir au moins à quelques résultats partiels, que s'il s'agissait encore de la production brutale et massive du siècle dernier... Tout ce que nous avons pu voir et entendre récemment, en fait d'organisation scientifique du travail, montre que si de ce côté-là les préoccupations morales, sociales, humaines et chrétiennes sont encore loin d'être ce que nous les voudrions, à tout le moins y a-t-il de belles possibilités... L'évolution de l'entreprise industrielle moderne peut être envisagée sans pessimisme, aussi bien pour le consommateur que pour le producteur, et la diffusion des idées sociales catholiques peut exercer, sur ce terrain-là, une influence directe, effective, remarquablement utile et opportune.

L'esprit public s'alimente et se dirige d'après les idées mises en circulation par des groupes qui ont quelque chose à dire sur les problèmes en suspens. Les amis des Semaines Sociales ont quelque chose à dire. Savent-ils se rejoindre et faire valoir leurs solutions ?

L'Entreprise industrielle d'aujourd'hui : ses liens avec la finance

Cours de M. Pierre Bayart

Professeur à la Faculté de Droit de l'Université Catholique de Lille

PRÉAMBULE

Les deux termes du couple de l'Echange : la Monnaie et la Marchandise. — Leur projection : le Crédit et la Production. — Leur développement parallèle sous le régime de la libre Concurrence. — L'action de la Guerre sur ce mouvement, qui a pris naissance à la fin du XVIII° siècle, qui s'est déployé, dans la liberté, au cours du XIX° siècle et qui tend à s'organiser au XX° siècle, sous l'égide de la Raison. — Le milieu où s'opère l'évolution économique et juridique des entreprises: la Finance.

I

Le mouvement de l'entreprise vers la finance

Le développement de la grande entreprise dans un sens de plus en plus financier sous la double influence de la fiscalité et de l'inflation.

Transformation des entreprises en sociétés anonymes, et politique des réserves pour échapper aux excès de l'impôt personnel sur le Revenu et pour sauvegarder leur substance. Conséquences: *a)* l'utilisation des réserves, dans des buts économiques: distribution d'actions gratuites, participations, filiales, fusions. Comment l'action de ces facteurs financiers s'est conjuguée avec la poussée des forces proprement économiques vers la concentration et la coordination;

b) L'utilisation des réserves pour assurer la trésorerie des entreprises par la constitution d'un Portefeuille (Bons de la Défense Nationale, valeurs à change, valeurs à revenus variables). Le marché de la Bourse : réservoir des capitaux industriels ;

c) Les principaux bénéficiaires de la politique des réserves : parts de fondateurs et tantièmes. La morale de la stabilisation et le problème de la réévaluation des Bilans. Les deux points faibles de ces deux catégories de parties prenantes. La consolidation des privilèges par les Actions à vote plural. Un nouveau type d'hommes d'affaires : l'Administrateur.

II

Le mouvement de la finance vers l'entreprise

a) Pénétration de la Finance dans le champ des Entreprises. La politique des Banques. Dans quelle mesure les Banques ont-elles mis à profit l'évolution financière des entreprises pour exercer leur emprise sur l'Economie, à la faveur des augmentations de Capital et du réajustement du niveau des Valeurs mobilières en période de dépréciation monétaire et à l'occasion de la Stabilisation.

b) Superposition d'une activité financière à l'activité économique : Syndicats boursiers, Holdings, Investment's Trusts. La Bourse privée de son baromètre par la politique de thésaurisation des Sociétés. Les bilans hermétiques et les prospecteurs de la Finance à la recherche des trésors cachés. L'extrapolation et les introductions en Bourse. Les fortunes spéculatives et les capitaux flottants internationaux. Leur action contrariant la politique dirigeante des Banques centrales : le conflit de Wall Street et de la Fédéral Réserve Board.

III

La politique mondiale du crédit

L'inflation mondiale du crédit à la suite de la guerre : comment elle postule la plus grande production. La concentration de l'or aux Etats-Unis et sa redistribution. Disette ou pléthore ? La politique de l'or et la Monnaie dirigée. Les dettes interalliées et la Banque centrale des paiements internationaux. Le problème des transferts et celui du change ou la rationalisation financière. Le plan Young : véritable Traité de Paix financier.

Conclusions

Un monde nouveau se construit. Le rôle des catholiques dans cette transformation universelle, pour mettre la Raison au service de la Justice et du Bien commun.

Les travaux des Semaines Sociales ne peuvent se réduire à une session annuelle et à un compte rendu relégué dans une bibliothèque. Ils doivent être traduits en formules d'action et s'incorporer à la pensée et à l'activité nationale.

L'Entreprise industrielle d'aujourd'hui : sa structure juridique

Cours de M. Emmanuel Gounot

Les entreprises industrielles d'aujourd'hui revêtent habituellement la forme juridique de Sociétés.

Parmi les petites et les moyennes entreprises, c'est la forme « à responsabilité limitée » qui, depuis 1925, tend à dominer. De plus en plus sont écartées les responsabilités personnelles indéfinies qui étaient autrefois à la base de la vie commerciale et industrielle. Le capital seul répond des engagements de la Société, et comme il est en général minime, les créanciers sociaux manquent souvent de garanties effectives.

Dans les grandes entreprises, c'est la forme « anonyme » qui règne à peu près exclusivement. Les avantages et les inconvénients des Sociétés anonymes sont bien connus des auditeurs des Semaines Sociales. Depuis longtemps d'ailleurs, juristes et sociologues ont signalé les multiples abus auxquels donnent lieu la constitution et le fonctionnement de ces Sociétés, et demandé au législateur ou au juge d'y porter remède.

Ces abus n'ont certes pas disparu, et les Annales du Palais nous en ont même signalé de nouveaux, par exemple en matière de « parts de fondateurs » ou de « Sociétés Civiles d'Obligataires ». Mais notre attention doit aujourd'hui se porter de préférence sur tout un ensemble de pratiques récentes qui, en minimisant de plus en plus le rôle et les prérogatives de l'actionnaire et en consacrant la toute-puissance des Conseils d'administration, bouleversent en fait toute l'économie de notre théorie légale des Sociétés par actions.

Parmi ces pratiques, la plus remarquable est celle des actions à vote plural, si universellement répandue aujourd'hui.

Le développement des « participations », des « filiales », des « fusions », des « holdings » ou autres groupements à dénomination plus ou moins barbare, des « sociétés de sociétés » et des « supersociétés » — derrière le manteau desquelles un seul homme parfois tire toutes les ficelles — contribue également à donner à la vie juridique actuelle des grandes entreprises une forme et une allure que le législateur n'avait assurément pas prévues.

On ne saurait songer à tout critiquer dans cette évolution, qui correspond pour une large part à des besoins réels et légitimes de notre monde économique. Si elle consomme la déchéance de l'actionnaire, dont la souveraineté de principe était déjà devenue purement nominale, et si elle aboutit à substituer au régime démocratique et parlementaire de la loi de 1867 un régime inspiré d'une toute autre philosophie sociale, elle tend du moins à réintégrer dans les « sociétés de capitaux » l'élément personnel et humain, qui en était théoriquement exclu; elle assure la permanence de la direction et du contrôle dans les grandes entreprises et met en relief l'importance du rôle du « chef » ; elle discipline ou supprime certaines concurrences, et rend peut-être possibles certaines formes supérieures de rationalisation.

Mais cette évolution ne peut être approuvée que dans la mesure où elle respecte les principes régulateurs de la morale sociale.

La tâche essentielle paraît être de restaurer dans la vie des sociétés l'idée de *responsabilité,* avec toutes ses conséquences. La responsabilité est la rançon du profit et la contre-partie de la maîtrise. Or, grâce au système des actions à vote plural et aux pratiques nouvelles qu'il a engendrées, profit et maîtrise sont portés au maximum, alors que les responsabilités tendent à zéro.

Il convient donc, d'une part, d'organiser juridiquement la responsabilité des actions à droit de vote privilégié vis-à-vis des actions ordinaires, et, d'autre part, de rendre réelles et effectives les responsabilités des administrateurs.

En attendant le vote sur ces divers points — et sur quelques autres d'importance moindre — des réformes législatives qui s'imposent, la jurisprudence de nos tribunaux pourrait dès à présent trouver dans les principes généraux de notre droit, notamment dans les théories modernes de « l'abus des droits » et du « détournement de pouvoir », le moyen de remédier aux injustices les plus choquantes et de donner un commencement de satisfaction aux exigences de la loi de responsabilité.

L'organisation scientifique du Travail et ses conséquences sociales

Cours de M. Paul Devinat
du « B. I. T. »

L'organisation scientifique du travail qui est, à proprement parler, la forme la plus technique de la rationalisation, celle qui s'applique à l'atelier, à la fabrique, au magasin ou à la

L'Union d'Etudes des Catholiques sociaux a été fondée pour permettre aux hommes de pensée et d'action de créer partout des centres d'études et de propagande. Elles unissent la science et l'expérience pour les mettre au service du catholicisme social.

ferme, est commandée par la loi du rendement. La conduite de toute entreprise est soumise à ses principes, et à ses méthodes.

Précisément, parce qu'elle est enssentiellement technique, c'est l'homme au travail, c'est ce que les Américains appellent « le facteur humain », qui représente l'élément le plus important de son succès. A toutes les disciplines qui constituent cette science nouvelle, la physiologie et la psychologie s'imposent comme une introduction nécessaire. De là également, l'importance capitale des conséquences sociales de l'organisation scientifique du travail, dès que l'homme intervient, la justice et la morale commandent.

L'organisation scientifique du travail ne saurait atteindre l'objet qu'elle se propose si elle ne savait ajuster et subordonner les nécessités quotidiennes du rendement aux principes permanents de l'équité.

Les répercussions de l'organisation scientifique du travail sur l'ouvrier sont nombreuses.

Elle peut d'abord, si elle est mal comprise ou mal appliquée, l'atteindre dans sa santé en augmentant sa peine et en provoquant du surmenage.

Le développement de la psycho-technique et de ses diverses applications industrielles, la réduction des heures de travail, l'usage de pauses et de congés doivent garantir l'ouvrier contre tout risque de fatigue ou d'usure prématurée.

Le danger de l'automatisme et de la monotonie développé par les procédés généralisés de production en série, par la spécialisation et par la standardisation, doit retenir l'attention de tous les chefs d'entreprises, le risque d'anémie, que cette évolution de l'industrie comporte, n'est pas contestable. Il peut être évité par une sélection bien faite, par des changements d'emplois, par un effort constant pour intéresser davantage l'ouvrier à sa tâche, et par une bonne organisation de ses loisirs.

La perte de la qualification professionnelle a causé beaucoup d'appréhension. Le développement de l'apprentissage et l'opportunité donnée à l'ouvrier d'améliorer son sort dans l'usine peuvent en réduire le danger.

Ces risques divers, dont la mécanisation de l'outillage, plus encore que l'organisation scientifique du travail, paraît responsable, l'employeur peut en définitive les écarter par une application intelligente des méthodes nouvelles.

Il en est d'autres toutefois qui ne dépendent pas de sa seule volonté et qui menacent de plus loin le travailleur. Tel, dit-on, le chômage. Mais l'organisation scientifique du travail si souvent accusée d'être la cause de ce fléau social, en est-elle bien l'auteur ? Ne serait-il pas plus équitable de dire qu'elle en constitue l'un des meilleurs remèdes ? La cause aujourd'hui paraît jugée en sa faveur, non sans laisser aux chefs d'entreprise une part certaine de responsabilité et d'obligation.

L'organisation scientifique du travail est en train, par ailleurs, de provoquer une véritable révolution dans la pratique du salaire. Tendant à rémunérer l'effort fourni plus que le temps passé à l'usine, récompensant largement les économies de matière et de temps réalisées par le travailleur, elle l'associe étroitement au rendement général de l'entreprise et l'incite à donner à celle-ci sa collaboration sans réserve.

Ce dernier résultat, déjà largement obtenu aux Etats-Unis a, pour l'avenir de l'industrie, plus d'importance encore que l'augmentation du pouvoir d'achat des masses provoquée par les formes nouvelles de salaire. Il est naturel qu'il puisse provoquer, s'il n'est pas contrôlé par le travailleur lui-même, ou par ses représentants, certaines résistances dans les milieux ouvriers.

L'organisation scientifique du Travail est donc susceptible, dans la mesure où elle peut provoquer une collaboration plus étroite entre le personnel et la direction, d'influencer le développement du syndicalisme professionnel. Elle tient, enfin, par une spécialisation croissante des tâches à accélérer l'emploi des femmes dans l'industrie. Elle rend plus urgente la solution des graves problèmes que cet emploi comporte, non seulement à l'heure présente, mais du point de vue plus lointain de la préservation des sources de recrutement de la main-d'œuvre.

Il n'est pas de terrain où il paraisse plus nécessaire d'ajuster les règles du rendement à celles d'une politique sociale prévoyante.

Au total, on ne saurait contester que l'organisation scientifique du travail ne puisse et ne doive améliorer sensiblement la situation matérielle du travailleur, et qu'elle comporte pour lui plus d'avantages que de risques, mais toujours à condition que ceux qui ont la responsabilité de la mettre en pratique demeurent animés par un constant souci de justice, et qu'ils ne la regardent pas seulement comme un moyen de grossir le gain de l'entreprise, mais comme un effort incessant pour tirer de cette dernière le meilleur parti possible, humainement et matériellement. Si l'esprit d'équité ne les inspire pas, ils ne sauraient réussir.

L'Union d'Etudes des Catholiques sociaux possède des sections à Paris, Lille, Roubaix, Tourcoing, Dunkerque, Le Havre, Rouen, Dijon, Nantes, Angers, Poitiers, Toulouse, Bordeaux, Marseille, Aix, Toulon, Nice, Lyon, Grenoble, Besançon. Faites-vous inscrire à ces sections ou fondez-en une s'il n'en existe pas chez vous.

Nouvelles modalités du Salaire

Cours de M. Georges Mairot

I

Les nouvelles modalités du Salaire devant être étudiées du point de vue de la doctrine sociale catholique, il conviendra de rappeler brièvement, au début de cette Leçon, les enseignements de l'Eglise et les principes établis par l'école des catholiques sociaux sur la nature du contrat de salariat, et sur les conditions que doit remplir le Salaire pour satisfaire aux exigences de la Justice.

II

Les modes de salaire les plus fréquemment employés jusqu'à présent sont le salaire au temps (heure, journée, mois) et le salaire à la tâche (aux pièces). Le premier est un forfait qui ne rémunère pas l'ouvrier proportionnellement à son activité. — Le second, instable, par suite des variations de prix de l'unité d'ouvrage, ne rémunère qu'imparfaitement cette activité.

III

L'organisation scientifique du Travail et de toute l'Industrie a provoqué la création de nouvelles modalités de salaires ayant pour but de donner à la rémunération du travail, une base scientifique déterminée — et d'accroître la production en stimulant le rendement de l'ouvrier par un salaire aussi exactement proportionnel que possible à son activité et partageant équitablement le bénéfice de l'accroissement de production entre l'employeur et l'ouvrier.

Deux sortes de système ont été ainsi élaborés :

Le premier (tarif différentiel Taylor), salaire aux pièces à deux échelons, fixe une production journalière normale et paie à des taux différents l'unité d'ouvrage suivant que la production est inférieure ou égale au chiffre fixé. Le *bonus system de Gantt* est une simplification de ce système.

Le second établit un taux fixe (taux d'affûtage) pour une production déterminée dans un temps de base scientifiquement mesuré ; à ce salaire minimum s'ajoutent des primes de rendement proportionnellement au temps gagné ; le coefficient de cette proportion est fixe (système Hasley) ou variable, égal au rapport du temps passé et du temps de base, dégressif à partir d'une certaine production (système Rowan). Avec un point de départ différent, la méthode Bayle aboutit à une formule analogue.

Ces divers systèmes, en raison de leur base « scientifique », donnent au salaire un caractère réglementaire, qui exclut la discussion : la fixation des unités de base devra être contrôlée par des spécialistes formés dans les Syndicats.

Encore peu appliqués en France, convenant surtout à la grande industrie, susceptibles d'ailleurs d'adaptation aux cas particuliers, ils assurent au travail une rémunération plus équitable; dans l'ensemble et à des degrés divers, ils marquent donc un progrès, si certaines conditions sont remplies : le salaire minimum doit être suffisant ; pour les salaires à prime, les éléments de calcul des primes doivent être établis par des méthodes vraiment scientifiques.

Mais ils sont tous incomplets, car ils font abstraction volontairement, « nécessairement », des besoins de l'ouvrier.

Il serait à désirer qu'on y ajoutât un correctif pour les variations du coût de la vie, et des allocations familiales (voir la leçon de M. Pernot).

Enfin ils ne couvriraient pas les risques de l'ouvrier, qu'il est juste de garantir, si la participation de l'employeur aux Assurances Sociales ne venait pas combler cette lacune.

IV

Les fluctuations de la monnaie et de son pouvoir d'achat, qui ont nécessité l'allocation de primes de vie chère, ont amené l'institution du Salaire à échelles mobiles, c'est-à-dire variant avec le coût de la vie.

Le principe de ce mode de salaire est excellent, son application, qui ne sera pas réalisable dans tous les cas, requiert l'utilisation de méthodes rigoureuses pour la fixation des indices de prix, — et une discipline absolue pour l'acceptation des fluctuations commandées par ces indices.

La remarque faite pour les Allocations familiales et les Assurances sociales s'applique naturellement à ce système de salaires.

A l'origine des Semaines Sociales, on trouve l'initiative d'une Revue : La « Chronique Sociale de France », 16, rue du Plat, à Lyon, qui reste l'organe des Semaines. Pour se tenir en liaison avec le mouvement du catholicisme social, le meilleur moyen est de s'abonner à la « Chronique ». Le secrétariat et la librairie de la Semaine reçoivent les abonnements : six mois : 13 francs ; un an : 25 francs.

*
* *

Envisagée du point de vue de la rémunération du travail, la Rationalisation, qui conduit aux hauts salaires, constitue un progrès.

L'industrie française semble d'ailleurs avoir l'heureuse tendance d'assouplir et d'adapter les formules scientifiques du salaire ; il faut souhaiter qu'elle incorpore peu à peu à celui-ci les éléments qui le feraient répondre complètement aux postulats de la doctrine sociale catholique.

La collaboration des travailleurs salariés à la vie organique des entreprises

Cours de M. JOSEPH DANEL

Professeur à la Faculté de Droit de l'Université Catholique de Lille

Quelles sont les conséquences de la rationalisation à l'intérieur de l'entreprise dans les relations de patrons à salariés ? Ce problème posé depuis longtemps se trouve-t-il renouvelé par les conditions nouvelles de la vie industrielle ?

I

La place du salarié dans l'entreprise

L'entreprise apparaît comme une *institution,* c'est-à-dire comme un organisme agencé et hiérarchisé en vue d'une fin.

Le contrat de travail fait entrer le salarié dans cette institution. Une notion inexacte de ce contrat conduit à croire que c'est de lui que découle toute la « loi » des relations du patron et de l'ouvrier. On ne saurait oublier que, par lui, s'établissent des obligations individuelles entre les parties ; mais il faut reconnaître en lui l'instrument, de nature contractuelle, d'une incorporation du salarié dans l'institution.

Celle-ci a ses lois qui lui sont imposées par la nature des choses. En tant que règles précises elles ont diverses sources, notamment la loi de l'Etat, la réglementation professionnelle, la convention collective de travail, les usages, l'autorité du chef d'entreprise, la nature des choses qui parle parfois avec tant de clarté qu'elle s'impose sans texte, et enfin, à titre exceptionnel, le contrat individuel de travail.

L'entreprise et l'usine ont aussi leur vie organique qui se manifeste sous deux aspects : d'abord par le mouvement des mécanismes qui transforment la matière et l'acheminent vers la perfection du produit fini ; puis le mouvement interne de l'institution qui la fait croître et se développer.

L'ouvrier, dès qu'il entre dans l'usine, est régi par ces lois ainsi que par les ordres du chef d'entreprise et de la hiérarchie de ses subordonnés. Mais il y entre en agent ; et, parce qu'il est homme, il ne saurait se laisser réduire au rôle passif d'être agi ; il participe volontairement et nécessairement à cette double vie. Le respect de la personne humaine et le bon rendement du travail sont d'accord pour exiger qu'on traite l'ouvrier en homme et non en chose.

II

Les formes modernes de cette collaboration ouvrière

Il faut remarquer d'abord que cette collaboration s'est librement exercée dans les formes industrielles du passé ; c'est ce rapprochement du maître et de son compagnon qui fait la force du petit atelier.

Sous certaines formes cette collaboration n'a pas cessé d'exister. Laissant de côté les conventions collectives et la réglementation professionnelle, où ce n'est pas le personnel mais l'organisation professionnelle qui intervient, on peut citer :

a) Les *usages* qui sont, par définition même, le produit d'une collaboration ;

b) Les procédés couramment employés lorsqu'un point de discipline ou d'organisation est réglé d'accord entre le personnel et le chef d'entreprise : modifications d'horaire, réduction du travail général en cas de chômage pour éviter le débauchage, etc...

Il faut souligner ce qu'il y a de juste dans cette exigence si fortement soutenue par les patrons de pouvoir traiter avec leurs ouvriers sans ingérence de tiers ; on y verra l'affirmation de cette collaboration nécessaire et la reconnaissance de l'existence de l'institution.

Si l'on dressait le bilan de toutes les réalisations sociales pratiques dues à l'initiative des catholiques français, il faudrait un volume pour le contenir. Que du moins apparaissent, chaque mois, les initiatives nouvelles. Faites-les connaître à la « Chronique Sociale de France » qui les publiera.

Mais les chefs d'entreprise sentent le besoin d'intensifier cette collaboration, d'y faire appel tantôt d'une manière vague et générale (certaines dispositions de règlements d'ateliers sont caractéristiques à cet égard), tantôt d'une manière plus précise comme dans le système des « boîtes à idées » ou des « suggestions », comme aussi dans la prévention des accidents de travail.

La nature même de la rationalisation exige cette collaboration. Insuffisamment marquée dans le taylorisme, et c'est ce qui lui a donné son caractère rigide de mécanisation, elle a été plus nettement mise en relief par le fordisme, qui ne saurait pour autant s'attribuer le mérite de l'avoir découverte.

On voit se construire des organismes en vue de cette collaboration, les conseils d'usine, les conseils d'entreprise ont reçu forme juridique dans un certain nombre de pays. En Allemagne notamment, une loi du 4 février 1920 a rendu les conseils d'entreprise obligatoires en leur confiant des fonctions sociales et des fonctions économiques. De cette obligation la grande industrie s'est parfaitement accommodée et les entreprises importantes ont constitué ces conseils qui fonctionnent régulièrement et donnent de bons résultats ; on les rencontre moins fréquemment dans les entreprises moyennes. De leurs fonctions sociales, les conseils s'acquittent bien ; mais il est curieux de remarquer qu'ils ont à peu près négligé leurs fonctions économiques.

D'autres exemples en sont fournis dans plusieurs pays.

III

Conclusion

Nous pouvons donc conclure à la nécessité de cette collaboration tant au nom de la nature *humaine* du travailleur, qu'à cause de l'effort d'organisation méthodique auquel nous assistons. En cherchant le rendement optimum du « moteur humain » on est amené à prendre connaissance des conditions non seulement physiologiques, mais aussi psychologiques du fonctionnement de ce moteur.

Cette collaboration appelle la construction juridique d'organismes appropriés. Nous n'avons encore ici que des expériences dont quelques-unes sont largement encourageantes et indiquent au moins la voie à suivre.

Cette collaboration exige aussi une éducation, car elle suppose des conditions psychologiques de confiance mutuelle ; elle ne va pas non plus sans certaines conditions de capacité technique de la part du personnel ; le mouvement d'éducation des conseillers d'entreprise en Allemagne est, à cet égard, caractéristique.

Mais cette construction juridique nouvelle ne nous amène-t-elle pas à découvrir, sinon une contradiction, au moins une sorte de double emploi gênant avec l'organisation traditionnelle de la profession sur le plan syndical ?

Il faut s'en tenir solidement aux faits. Chacun des deux organismes, conseil d'usine, syndicat, correspond à une réalité : l'entreprise et la profession. Il faut établir entre l'un et l'autre une hiérarchie, une distribution de tâches qui empêche tout conflit. Il faut garder au syndicat sa fonction d'organe de l'intérêt général de la profession, sa compétence réglementaire, son rôle de représentant de l'autorité professionnelle; le conseil d'usine n'aura à résoudre que des questions d'adaptation et à appliquer la réglementation générale de la profession aux cas particuliers surgis des besoins de la vie des établissements industriels.

Vie familiale et religieuse des masses ouvrières autour des grandes entreprises

Cours de M. le Chanoine PAUL SIX

Directeur des Œuvres Sociales du Diocèse de Lille

Les précédentes leçons ont eu, comme champ d'observation, l'entreprise moderne. Mais quelle est la vie familiale et religieuse des masses ouvrières autour de ces entreprises ?

Tel est le sujet de cette leçon.

Elle aura deux parties : la première partie sera plutôt historique, douloureuse et un peu pessimiste ;

La seconde sera plutôt optimiste.

PREMIERE PARTIE

1° Bien que la grande industrie ait rendu de réels services, c'est un fait indéniable qu'elle a aussi ébranlé les bases de la famille ouvrière et de sa foi chrétienne.

Savez-vous, par exemple, qu'il y a, en France, 66 Secrétariats sociaux, dont 44 groupés en Union nationale, avec siège central à Paris, 31, rue Bellechasse. Ils ont construit des milliers de maisons ouvrières, fondé des centaines de Sociétés de crédit et de secours mutuel, créé et soutenu de nombreuses organisations professionnelles etc... L'Union des Secrétariats sociaux est l'organe de réalisation des Semaines Sociales.

Preuves quant aux maux causés à la famille :

Enquêtes et statistiques ; les salaires insuffisants ; les taudis ; les femmes mariées à l'usine et les enfants ; les divorces ; la dénatalité.

Preuves quant à la vie religieuse.

2° Quelles sont les causes de ces désastres ?

Hypnotisé par la production, l'industrialisme a, dès le début, oublié le producteur, ou si l'on veut, il n'a vu que le producteur dans le sens étroit et matériel du mot, oubliant que ce producteur était aussi — et inséparablement — homme, père de famille, citoyen, chrétien. Une fausse doctrine a créé ou voulu justifier cette attitude, en proclamant que la liberté était la base des Etats et non la justice et le bien commun ; que la liberté guérissait d'ailleurs elle-même les maux qu'elle faisait, si elle en faisait ; enfin que le progrès économique était nécessairement progrès général et même progrès moral.

L'absence d'organisations professionnelles détruites depuis 1791, et de législation protectrice du travail laissa le champ libre à l'erreur et aux abominables abus qui s'ensuivirent.

DEUXIEME PARTIE

Depuis bien des années, un revirement s'est produit et il semble bien que l'on va vers un redressement des erreurs passées et une restauration de l'ordre social chrétien.

En voici quelques preuves :

1° Une partie du Patronat industriel a compris mieux ses responsabilités et son devoir. Les œuvres fondées par lui en sont le témoignage éloquent. Il y a cependant des réserves à faire sur les méthodes employées et qui, généralement, font du bien à l'ouvrier sans le faire participer aux organismes destinés à lui procurer ces bienfaits. La méthode dite « Méthode Harmel » est plus que jamais à répandre.

Le patronat hésite aussi trop à reconnaître le droit syndical des travailleurs.

2° Les Catholiques ont désormais — surtout depuis 1891 — *une doctrine sociale chrétienne cohérente*, restaurée par les Papes et diffusée par les Semaines Sociales.

S'ils pèchent maintenant, c'est contre la lumière.

3° *Le clergé* a mieux compris son rôle apostolique en ce sens qu'il a mieux adapté méthodes et œuvres au monde qu'il doit travailler. Il a quitté la sacristie, abandonné l'idée fausse « du surnaturel pur » et sans perdre de vue son rôle essentiel, il sait mieux qu'il n'a pas seulement à faire régner la loi chrétienne dans les consciences individuelles, mais aussi dans tous les rouages sociaux, familles, professions, industrie, commerce, etc...

4° *Des groupements de pères de famille* se sont constitués de plus en plus nombreux et réhabilitent et défendent la famille et la famille nombreuse. L'Etat commence à avoir aussi une politique familiale.

5° *Des organisations ouvrières syndicales chrétiennes puissantes* construisent, non pas seulement un barrage contre le Communisme, mais un édifice où les travailleurs trouvent un abri, une protection pour la défense de leurs droits légitimes. La C. F. T. C., l'U. S. I. C., auxquelles il faut ajouter la J. O. C. qui a entrepris avec ardeur et succès la formation sociale et morale des jeunes ouvriers chrétiens.

Ce sont là autant d'apôtres dont la classe ouvrière écoute volontiers la voix.

Il est à souhaiter que s'organisent aussi parallèlement des Syndicats patronaux, non pas neutres et purement économiques, mais chrétiens.

6° *Une abondante législation protectrice du travail* a supprimé de nombreux abus et en prévient une foule d'autres.

Conclusion

Si toutes ces forces s'unissent, se développent et veillent, il sera impossible que la rationalisation — qui n'est que l'industrialisme à son âge mûr — renouvelle les abus de sa jeunesse, « détourne le cours des richesses et en fasse affluer vers elle toutes les sources » (Léon XIII).

Elles restaureront la famille et la religion. Bien plus et comme par surcroît ne pourraient-elles pas aider à amener une amélioration plus profonde encore du régime même du salariat ?

Il y a, maintenant, organisées sur le même modèle et suivant les mêmes méthodes, des Semaines Sociales en Belgique, en Suisse, en Italie, en Pologne, en Hollande, au Canada, au Chili, en Uruguay.

La rationalisation peut-elle influencer les rapports du capital et du travail dans la profession ? A-t-elle commencé à les influencer ?

Cours de M. JOSEPH ZAMANSKI

Président de la Confédération Française des Professions

La corrélation, qui se manifeste entre les modes de production et les rapports sociaux unissant les hommes occupés à la production, est logique et de tous les temps. A l'époque des ateliers familiaux correspondit un régime familial des relations professionnelles ; à une époque de concentration et d'ententes industrielles doit correspondre une politique de larges conventions et d'accords réglementaires entre les patrons et les ouvriers organisés puissamment dans leurs syndicats respectifs.

Il semble d'ailleurs que les préoccupations économiques qui ont tendance, sauf dans les syndicats ouvriers extrémistes, à remplacer l'esprit de classe, doivent favoriser ces rapprochements.

On observe en effet, du côté ouvrier, un penchant plus marqué vers la convention collective ; par contre, il se manifeste chez les producteurs une certaine prédilection pour une organisation ne dépassant pas le cadre des établissements ou constituant des sortes de féodalités industrielles.

Or :

1° La disparition de la notion de profession organisée aurait le grave danger d'exacerber l'état de concurrence, d'abord en l'instituant entre des forces productrices plus concentrées et plus puissantes, ensuite en y intégrant les ouvriers eux-mêmes, séparés les uns des autres, dans une même profession, par les intérêts particuliers des établissements.

Si les syndicats ne doivent pas intervenir abusivement dans la vie des établissements, les accords particuliers doivent, de leur côté, se conclure dans les limites des conditions générales déterminées par les conventions corporatives.

2° On tombe d'accord que la rationalisation ne se fera pas sans la sympathie active des travailleurs. Mais cet esprit de collaboration, déjà nécessaire à l'atelier, ne l'est pas moins comme ambiance générale du mouvement d'organisation scientifique du travail.

C'est ici une question d'éducation et nous croyons que cette éducation, qui est une œuvre immense et à peine ébauchée, ne peut se faire que sous l'action plus nécessaire que jamais des organisations syndicales.

Elle doit conduire les producteurs à se libérer du pur esprit de profit qui a été le grand mobile de leur activité, pour reprendre conscience, autant que de leurs droits, de leur fonction sociale, qui est de faire vivre, par le travail, des multitudes, et de fournir au public, multitude encore plus grande, des instruments de vie.

Elle doit faire réfléchir les salariés aux côtés économiques des problèmes qu'ils ont tendance à ne considérer qu'au point de vue de leurs salaires, et les persuader que la rationalisation est autre chose qu'une exploitation renforcée.

En bref, les uns et les autres doivent abandonner leurs points de vue égoïstes, et envisager clairement le vrai but de la production dont ils sont les agents, qui est de pourvoir à la vie de la collectivité.

3° Ici toutefois un grave péril peut se présenter. Remplacer l'Economie de profit par une Economie basée sur les besoins collectifs, n'est-ce pas côtoyer le collectivisme ? Si l'ultime effort de la raison dans la production doit être d'équilibrer la totalité des demandes et la totalité des offres, cette « Economie dirigée » ne va-t-elle pas rejoindre le marxisme ?

Nous ferons remarquer que le marxisme est né dans un siècle qui mettait principalement en question la distribution des richesses. Or la rationalisation pose d'abord un problème de production des richesses, et les faits montrent que partout où elle le résout par un accroissement de la production le marxisme est en recul.

Là encore, le domaine de la liberté ne peut-être sauvegardé que par l'organisation professionnelle. Adeptes de l'organisation scientifique du travail, nous n'acceptons pas qu'elle nous mène au matérialisme.

De même qu'en présence des résultats de la doctrine manchestérienne, l'Ecole Catholique opposait au socialisme des solutions d'organisation professionnelle, c'est encore à un syndicalisme fortement organisé qu'elle demandera de réaliser les accords qui, tout en dirigeant en effet l'Economie, harmoniseront l'autorité et la liberté.

Savez-vous encore que les Semaines Sociales ont donné naissance aux « Semaines Rurales », petits collèges temporaires, destinés au perfectionnement professionnel et social de l'élite rurale, masculine et féminines ? Il y a en France, cinquante sessions annuelles des Semaines Rurales.

Collaboration des patrons organisés et des travailleurs organisés à la vie de la profession et à la solution des conflits collectifs

Cours de M. Jean Lerolle

Député de la Seine.
Président du Secrétariat Social de Paris

Il avait semblé, au lendemain de la guerre, que dans divers pays on pouvait discerner un certain mouvement vers une organisation professionnelle : c'était, en Angleterre, les conseils Whitley; en Allemagne, les conseils institués par la Constitution de Weimar, que couronnait le Conseil Economique d'Empire ; en France, la création des Chambres de Métiers et des Chambres d'Agriculture.

Que sont devenues ces diverses institutions ? Ont-elles justifié les espoirs qu'on avait pu fonder sur elles ? L'expérience ne paraît pas leur avoir été favorable ; du moins, elles n'ont pas pris, dans l'organisation du travail, la place qu'elles semblaient appelées à occuper. Pourquoi ? C'est une première question qui se pose, et qu'on cherchera à éclaircir au cours de cette leçon.

Par contre, dans d'autres pays, une organisation professionnelle a été créée ces dernières années, de toutes pièces, par voie législative. En Italie, la loi du 3 avril 1926 et la Charte du Travail du 21 avril 1927, en Espagne, le décret-loi du 26 novembre 1926, ont institué une organisation corporative des professions, dont le caractère essentiel et commun est de faire de la profession organisée une institution de Droit public.

On ne saurait méconnaître l'intérêt de ces législations. Manifestement, elles constituent un effort pour réaliser une organisation du travail à base professionnelle. Mais sur plusieurs points des critiques et des réserves doivent être formulées. Notamment, la Charte du Travail italienne, en voulant intégrer dans l'organisation politique de l'Etat l'organisation corporative, a, en réalité, établi la main-mise de l'Etat sur la vie économique et professionnelle.

Tels sont les faits que révèle l'observation du mouvement social contemporain. Il appartiendra au R. P. Danset, dans la leçon qui suivra, d'en dégager les conclusions et de dire quelles doivent être nos orientations à l'heure actuelle, en France, vers l'organisation professionnelle.

Nos orientations présentes vers l'organisation professionnelle

par le R. P. Danset
de l' « Action Populaire »

Elles se marquent, d'une façon claire et précise, dans nos réponses aux deux questions que la nécessité d'agir nous pose chaque matin : Que faire pour commencer ?... Comment faire ce qu'il y a aujourd'hui à faire ?

1° *Que faire pour commencer ?* — La cause de l'organisation professionnelle ne compte plus ses fervents ; mais tandis que les uns lui demandent d'abord le redressement des désordres moraux qu'a engendrés l'ère libérale et qui atteignent directement la personne humaine, les autres voient surtout en elle le remède aux désordres économiques qu'entretient la libre concurrence, au grand dommage de l'intérêt mieux entendu. A s'ignorer ou à s'isoler, les uns et les autres courent le risque certain de se contrarier sinon de s'opposer, retardant d'autant la réalisation de leur but commun. Les vrais champions de l'organisation professionnelle se reconnaîtront donc à ce signe que leur premier effort s'attachera « pour commencer » à résoudre cette dualité d'intentions en l'intégrant dans une vue plus large tenant compte à la fois de toutes les requêtes légitimes de l'Economique et du Moral.

2° *Comment faire ce qu'il y a à faire aujourd'hui ?* — Dans une Economie en perpétuelle évolution technique, le premier travail de l'homme d'action au service de l'Organisation professionnelle, c'est de faire très exactement le point de cette évolution pour y mieux adapter son action. Prétendre brûler l'étape, pour atteindre plus tôt, au but serait anticiper sur l'imprévisible. Que sera exactement l'organisation professionnelle du siècle à venir, il serait vain de s'attarder à l'imaginer. Les bons ouvriers de l'organisation professionnelle se reconnaîtront à ce signe que, sans croire pour autant que les formes dans lesquelles ils travaillent resteront immuables, ils s'appliquent à préparer dans l'organisation syndicale d'aujourd'hui, l'organisation corporative de demain et celle d'après-demain dont ils ne savent qu'une chose : qu'elle sera ce qu'elle doit être, si chacun fait, en son temps, ce qu'il doit faire.

Ainsi notre doctrine sociale catholique nous fixe à la fois : point de direction et ordre de marche.

Savez-vous aussi que les Semaines Sociales ont facilité la création des sessions d'études pour la formation des dirigeants des Syndicats chrétiens, sessions suivies chaque année par une centaine d'auditeurs.

Le Problème des Allocations familiales dans la vie économique de la France

Cours de M. Georges Pernot

Député du Doubs
Vice-Président de la Chambre des Députés

Pour donner au travail humain son plein rendement, ce qui est l'objet même de « *La Rationalisation* », il est nécessaire que le travailleur soit placé dans des conditions matérielles et morales qui stimulent l'activité productive.

L'ouvrier qui est sans cesse harcelé par les préoccupations et par les soucis, est certainement placé, au point de vue de la production, dans des conditions moins favorables que celui auquel ces préoccupations et ces soucis sont épargnés.

A ce titre, il n'est pas téméraire d'affirmer que les allocations familiales, bien qu'elles soient de création récente, jouent un rôle important dans la vie économique de la France.

Avant la guerre, les allocations familiales étaient pour ainsi dire inconnues, bien que le grand patron catholique Léon Harmel, dont on fêtait récemment le centenaire, en ait conçu l'idée et l'ait même réalisée dès 1888 à l'usine du Val des Bois.

Elles prirent un réel développement qu'à partir du jour où, au début de 1918, M. Romanet, directeur des établissements Joya, à Grenoble, eut l'heureuse initiative de créer une caisse de compensation, c'est-à-dire une caisse patronale chargée du règlement des allocations familiales pour toutes les entreprises adhérentes et alimentée par les employeurs, au moyen de cotisations proportionnelles aux salaires versés par chacun d'eux à son personnel.

Ces caisses se sont développées rapidement : en 1922, il y en avait 75 ; à l'heure actuelle, leur nombre s'élève à 229, groupant 25.000 établissements affiliés et distribuant à 1.740.000 salariés des allocations qui, pour le dernier exercice, n'ont pas été inférieures à 292 millions de francs.

Le barême mensuel moyen des Caisses industrielles est devenu le suivant :

Famille de	1 enfant............	28	francs
—	2 enfants............	67	—
—	3 —	116	—
—	4 —	182	—
—	5 —	255	—
—	6 —	328	—

Si l'on ajoute au chiffre de 1.740.000 bénéficiaires, indiqué ci-dessus, le personnel des chemins de fer et des mines (700.000 environ) et celui d'établissements non affiliés aux caisses de compensation, mais faisant directement le service des allocations familiales (environ 600.000), on aboutit à cette conclusion qu'il y a actuellement en France environ 3 millions de travailleurs qui reçoivent de leurs employeurs des indemnités destinées à leur permettre d'élever leurs enfants.

Le nombre des salariés auxquels devra s'appliquer la loi sur les assurances sociales, étant évalué à plus de 8 millions, il y a encore un gros effort à faire pour que les allocations familiales soient généralisées.

Cet effort mérite-t-il d'être tenté ? Incontestablement oui, si l'on se place au point de vue de la justice sociale. Il n'est pas douteux, en effet, que le juste salaire est celui qui permet au travailleur, non seulement de vivre, mais encore de faire vivre convenablement les siens.

Du point de vue démographique, la même solution s'impose : le taux de natalité chez les salariés bénéficiaires des allocations familiales a atteint 4,50 % environ, tandis que pour la population générale, il reste légèrement inférieur à 2 %.

Mais comment faire pour généraliser le plus promptement possible ces bienfaisantes allocations ?

Deux formules sont en présence : la liberté ou l'obligation.

C'est vers la seconde formule, heureusement harmonisée d'ailleurs avec le souci d'encourager l'initiative privée, que parait s'orienter le Parlement français.

La Chambre est actuellement saisie, en effet, de deux propositions : la proposition Lerolle est la proposition Landry, qui tendent l'une et l'autre à imposer aux employeurs l'obligation d'adhérer à une caisse de compensation.

Le Gouvernement examine lui-même ce grave problème. Un projet de loi est à l'étude ; il semble devoir s'inspirer des mêmes directives.

Si, grâce à ce procédé, qui paraît de nature à concilier les exigences de la justice sociale, avec la sauvegarde de l'initiative privée, le législateur réussit à généraliser rapidement les allocations familiales, il aura fait œuvre utile pour le pays.

Pour une fois, on pourra dire, en toute vérité, que notre législation sociale est en avance sur celles des autres nations européennes.

A quoi servent les échanges de vues entré auditeurs des Semaines Sociales ? Deux réponses : C'est d'un échange de vues, à la Semaine de Rouen, qu'est sortie une campagne réussie pour la fondation des Sociétés de crédit immobilier. Sur ces sociétés s'appuie aujourd'hui l'effort de la loi Loucheur. C'est à Rennes, qu'a pris corps un projet d'union entre les Ecoles libres d'agriculture, avec organisation du stage agricole, aujourd'hui en plein essor.

L'Organisation rationnelle de l'Etat moderne

Cours de M. Georges Renard

Professeur à la Faculté de Droit de l'Université de Nancy

La rationalisation intéresse le domaine du « politique » aussi bien que le domaine de l' « économique ». Les nouvelles constitutions se distinguent justement par la « rationalisation du pouvoir ». Dans l'une et l'autre sphère, la rationalisation se caractérise par la *réaction contre l'empirisme soi-disant organisateur.* La raison seule est organisatrice. Pas plus que dans l'entreprise industrielle ou dans la concurrence commerciale, l'ordre n'est, dans l'Etat, un phénomène de pur dynamisme ; il est, de part et d'autre, l'aménagement d'un état de choses dans la ligne d'une *idée préalablement posée,* d'un *dessein préalablement délibéré.* L'organisation de l'Etat, comme celle de l'entreprise, est une technique à assujettir la matière du milieu social et politique à une idée, à une finalité ; elle est donc rationnelle dans la mesure où elle s'ajuste : 1° à la finalité de l'Etat ; 2° aux données du milieu social et politique.

PREMIERE PARTIE

Ajustement à la finalité de l'Etat

I. — Détermination de la finalité de l'Etat

1° *L'Etat n'est qu'une institution entre une foule d'autres institutions ;* celles-ci tiennent directement l'être juridique de la liberté naturelle de fondation, non par l'intermédiaire de l'Etat; l'Etat n'a pas d'autre titre de légitimité que toute autre institution. Vue d'ensemble sur la théorie de l'institution.

2° *Entre les autres institutions, l'Etat se caractérise par la souveraineté.* Critique de la définition de l'Etat par le service public : elle ne répond qu'à une conception empirique (irrationnelle) de l'Etat ; la notion de souveraineté est la *ratio* qui oriente et par là-même délimite l'activité des pouvoirs publics.

3° *Définition de la souveraineté.* Deux traits : *a*) le cantonnement de toute souveraineté à un certain ordre de rapports sociaux ; *b*) dans cet ordre la souveraineté signifie l'autorité suprême ; d'où suit la responsabilité du bien commun.

4° *Conséquences à déduire du premier trait touchant l'organisation rationnelle : a) des rapports entre la société politique et la société spirituelle ; b) des rapports internationaux.* La séparation des Eglises et de l'Etat, le vieux dogme de l'indépendance des Etats ne représentent que des conceptions empiriques, en opposition avec le principe de rationalité.

5° *Conséquences à déduire du deuxième trait touchant l'extention des cercles administratifs.* Trois cercles : *a*) la *police* au sens large du mot, savoir la réglementation des activités privées (individuelles ou institutionnelles) en vue du bien commun ; *b*) la *suppléance de l'initiative privée* à l'effet de procurer les satisfactions nécessaires au bien commun ; *c*) le maintien de l'*équilibre entre la vie publique et la vie privée* en tant que condition nécessaire au bien commun.

II. — Voies et moyens d'ajustement

A titre d'exemple, présentation de la *théorie nouvelle de la séparation des pouvoirs.*

III. — Contrôle de cet ajustement

Contrôle de la *légalité* ou de la *constitutionnalité* et contrôle de la *rationalité.* Modèle fourni par la *théorie du détournement de pouvoir* en matière de contentieux administratif. Que doit être le *contrôle juridictionnel de la constitutionnalité des lois ?*

DEUXIEME PARTIE

Ajustement aux données du milieu social et politique

I. — Ajustement des organismes constitutionnels au « réel » de la vie sociale

Exemple du suffrage familial, du sufrage corporatif...

II. — Ajustement des organismes constitutionnels au « réel » de la vie politique

Intégration des partis dans les cadres constitutionnels. Exemples fournis par l'étranger. Les grandes commissions du Parlement français. Les procédés : représentation proportionnelle; referendum ; initiative populaire...

L'action sociale, qui remédie aux maux sociaux en supprimant leurs causes, qui tend des ponts sur le fossé creusé entre les classes, qui prévient les maladies et la misère en organisant l'aide mutuelle, qui épargne ainsi à la Société et à la charité privée un budget énorme, est pourtant la seule, en France, à ne pas disposer d'un budget particulier.

NOTA. — Suivant le temps disponible, le professeur se réserve d'abréger considérablement et, au besoin, de supprimer la seconde partie ; les auditeurs la trouveront *in extenso* au compte rendu de la *Semaine Sociale.*

Les nouvelles conceptions de l'Etat

Cours de M. René Pinon

Rédacteur politique de la « Revue des Deux-Mondes »

INTRODUCTION

La rationalisation de la production, la substitution des ententes économiques à l'individualisme anarchique ont entraîné l'idée de rationaliser et d'organiser l'Etat. La production a besoin de l'Etat qui peut soit la stimuler, soit l'entraver. Dès lors, les collectivités économiques tendent à accaparer l'Etat, à en faire leur dépendance.

I. — On a même été plus loin. On a voulu faire de l'Etat une machine à produire et le constituer comme l'émanation suprême des organes de production et de travail, comme un syndicat des syndicats.

Exemples et textes qui établissent cette doctrine en France.

II. — L'Etat syndical existe-t-il ?

L'idée de l'Etat en Russie soviétique. Et comment il n'est pas vrai qu'il soit l'émanation des organismes économiques.

L'idée de l'Etat en Italie fasciste. Et comment le Parlement de M. Mussolini n'est syndical qu'en apparence.

Il s'agit, dans l'un et l'autre cas, de la mainmise d'un parti fermé, organisé et armé par l'Etat.

III. — Il ne faut pas confondre l'Etat avec l'Administration. Sa fonction de régulateur de la production et de contrôleur du travail n'est pas, tant s'en faut, la limite de ses attributions.

L'organisation de la profession et de la production n'est ni la source, ni la fin du pouvoir de l'Etat, pas plus dans ses fonctions intérieures que dans son action au dehors.

Ce qu'est la juste notion de l'Etat et comment elle se transforme.

L'Industrialisation des Pays neufs

Cours du R. P. Arnou

de l' « Action Populaire » et du « B. I. T. »

L'Europe, ruinée par la guerre, s'efforce de pousser une exploitation intensive de son empire d'outre-mer. Les peuples coloniaux ont porté à l'ordre du jour des préoccupations gouvernementales et de l'opinion publique la mise en valeur ordonnée, le développement normal, la rationalisation de leurs richesses lointaines. Rationalisation ! Où en est-elle à l'heure actuelle? Quels sont pour un avenir prochain, les facteurs qui en commandent le rythme de progrès? Quelles en sont les conséquences sociales pour les pays neufs et pour leurs métropoles ?

Laissant de côté les races de vieille civilisation (l'Asie...) cet exposé se bornera — si l'on peut dire! — aux populations appelées primitives, en fait à l'Afrique et à cette triple question il cherchera les éléments de réponse. A l'heure actuelle il ne peut encore s'agir de décrire ce continent à peine exploré, mais simplement d'essayer quelques sondages et de dégager telles et telles nécessités et perspectives d'une brusque évolution.

Sur un fond immense d'économie primitive (cueillette, système pastoral, culture rudimentaire, régime de petit artisanat...) se détachent, en îlots parfois considérables, des organismes très modernes qui non seulement produisent à grands rendements les matières premières agricoles (arachides, café, cacao, coton, bétail...) et minières (fer, cuivre, étain, phosphates, métaux précieux...) mais s'installent en puissantes usines de transformation (Afrique du Sud, Katanga...) Le continent noir possède déjà des spécimens de la grande entreprise qui, par l'importance des capitaux, de l'outillage, du personnel, rivalisent avec les grosses firmes de l'Occident.

Pour combattre le gaspillage énorme de richesses matérielles (cueillette, dévastation des forêts...) et humaines (portage...) les chefs responsables de la colonisation savent qu'un effort considérable et de longue haleine doit rationaliser l'outillage, les méthodes, non seulement de l'indigène, mais de bien des chantiers publics, résoudre des problèmes très spéciaux de technique (chemins de fer et autos...), et après un laborieux inventaire et une prospection attentive, fixer un plan d'ensemble, un programme — économique, politique, social — qui fera les destinées d'un monde nouveau.

On réclame partout, pour les services sociaux, des auxiliaires instruits et expérimentés. Seules, jusqu'ici, les organisations féminines ont pu instituer des Ecoles normales pour la formation de ces auxiliaires. Aidez les Semaines Sociales à combler cette lacune.

Le rythme et l'allure de cette transformation seront conditionnés principalement par deux éléments essentiels : les capitaux, la main-d'œuvre.

Qu'on se rappelle l'aide financière apportée par l'Europe à la création économique des Etats-Unis. Qu'on s'imagine les capitaux nécessaires à la valorisation de l'Afrique. Les sommes déjà dépensées ou prévues dans les travaux en quelque sorte de défrichement du Congo belge, du Maroc, des Colonies françaises... font envisager pour l'exploitation intensive et poussée de tout le continent des chiffres qui sans doute dépasseront les réserves et les possibilités d'épargne des métropoles et même de toute l'Europe : ce qui ne laissera pas de poser un problème politique mondial.

Pour le moment la mise en valeur de l'Afrique est conditionnée, ralentie, menacée par la pénurie de main-d'œuvre, l'Européen ne peut, en général, y travailler manuellement, la population de couleur y est très clairsemée, nullement adaptée aux exigences industrielles. Après une expérience parfois douloureuse, les gouvernements et les grandes sociétés ont adopté une politique d'économie de la main-d'œuvre (suppression ou limitation stricte du travail forcé (cf. : projet de convention du B. I. T.) ; réglementation des engagements à long terme ; protection légale du travailleur ; hygiène et politique sociale...), certains Etats se sont décidés à un régime vigoureux d'économie « dirigée » (zones économiques), et de réserves indigènes, émus par les résultats des agglomérations industrielles (déracinement, dépopulation...) qui poussent à l'état aigu la crise du prolétariat noir.

En effet, à qui doivent aller les profits de la rationalisation des pays neufs ? Les métropoles cherchent tout naturellement à récupérer leurs grands sacrifices d'hommes et d'argent en intégrant dans l'économie nationale les apports des colonies qui viendront ainsi combler les déficits occidentaux (attitude de monopoles internationaux, menacés par une concurrence nouvelle) sans que soient toujours évités les conflits entre producteurs métropolitains et coloniaux (blé, vin), sans que soit écartée la menace d'une surproduction mondiale, menace redoutable mais plutôt d'ordre transitoire, les besoins nouveaux des peuples primitifs, amenant un accroissement formidable de consommation qui sera payé par une création de richesses.

Ce qui suppose que les peuples africains auront leur part de l'exploitation de leur terre, suivant le système — de plus en plus admis — des mandats, d'après lequel la puissance colonisatrice, mandataire des races encore jeunes, considère comme « une mission sacrée de civilisation... le bien-être et le développement de ces peuples » et s'impose loyalement le devoir de faire leur éducation économique, politique et humaine.

Les formes internationales de Concentration industrielle

Cours de M. Max Turmann

Professeur à la Faculté de Droit de l'Université de Fribourg
Membre correspondant de l'Institut

Cette leçon a pour objet les ententes industrielles de plus en plus à l'ordre du jour dans le plan international.

I

Un exemple de ces ententes : Le Cartel International de l'Acier

L'étude du cartel international de l'acier permettra d'examiner la plupart des problèmes que posent la formation, l'orientation et le fonctionnement des ententes industrielles internationales. Aussi étudiera-t-on successivement les questions suivantes :

Comment le cartel international de l'acier a-t-il pris naissance ? — Les tractations de 1924 à 1926. — Les difficultés rencontrées. — Conditions facilitant les conclusions de telles ententes. — Bases sur lesquelles fut constitué, le 30 septembre 1926, le cartel de l'acier. — Les principales clauses de l'accord. — Le cartel de l'acier est un cartel de limitation de la production. — La composition et les pouvoirs du comité directeur. — Le contingentement de la production. — Les sanctions pour assurer le respect des clauses du contrat de cartel. — La durée du cartel. — L'extension du cartel international de l'acier.

Les autres ententes industrielles internationales. — Grande diversité dans les détails de l'organisation, mais identité dans le but essentiel. — Les principales ententes internationales actuellement existantes.

Tout souscripteur des Semaines Sociales versant une annuité minimum de cent francs reçoit : 1° le compte rendu des cours et conférences de la dernière session ; 2° la « Correspondance Trimestrielle » des Semaines Sociales.

II

Que peut-on penser des Ententes industrielles internationales et quels en seront les effets probables ?

Pour répondre à ces questions, il faut se placer successivement à quatre points de vue différents.

1° *Effets des ententes industrielles internationales pour les membres de ces ententes* — Cessation ou limitation de la concurrence. — Obtention d'un prix plus élevé ou tout au moins maintien d'un prix suffisamment rémunérateur. — Mais inconvénient parfois grave: diminution ou forte limitation de la production. — Le vrai rôle du cartel international pour ses adhérents : il répartit tour à tour entre ses membres le gain ou la perte, suivant les circonstances. — En mettant de l'ordre dans la production internationale, il diminue le prix de revient et rend possibles des économies de forces et de matières premières. — La division du travail peut être poursuivie plus loin sur le plan international. — Mais ne peut-on pas craindre que ce régime de non-concurrence ne fasse disparaître, pour les industries ainsi organisées, la principale source de progrès ? Réponse à cette question.

2° *Effets des ententes industrielles internationales pour les travailleurs de ces industries.* — Action sur les salaires : le pour et le contre. — Le danger du chômage. — La crainte de l'omnipotence possible des employeurs groupés internationalement en face des salariés divisés.

3° *Effets des ententes industrielles internationales en ce qui concerne les consommateurs.* — Disproportion de forces entre les consommateurs isolés et les producteurs coalisés, se trouvant au bénéfice d'un quasi-monopole. — Dangers de cette situation. — L'uniformité désagréable des objets fabriqués en série et standardisés. — Comme contre-partie heureuse, la stabilité relative des prix.

4° *Les ententes industrielles internationales et les Etats.* — Les dangers que peut faire courir à la vie économique et au ravitaillement d'un pays la puissance des ententes internationales. — Leur influence peut être corruptrice pour les pouvoirs publics d'un Etat.

III

Que peut-on faire pour diminuer les dangers pouvant provenir des ententes industrielles internationales sans faire disparaître les avantages qu'elles procurent ?

D'abord la défense des intéressés par eux-mêmes : les ententes ouvrières internationales et les unions de consommateurs.

Mais insuffisance de cette seule défense. — Nécessité d'un organe international, indépendant et impartial. — Mission de surveillance qu'aurait à remplir cet organe et pouvoirs dont il devrait être muni. — Mais est-il possible de créer cet organe ? — La résolution votée en 1927 par la Conférence Economique Internationale de la Société des Nations est un premier pas dans cette voie.

Conclusion

Les ententes industrielles internationales servent la cause de la paix entre les peuples ; assurément, il faut combattre les abus qu'elles pourraient commettre ; il faut surveiller leur activité, afin d'empêcher qu'elle devienne pernicieuse ; mais, sous la réserve du respect des justes intérêts en cause, on ne peut que désirer le maintien et l'extension des ententes industrielles internationales.

Les Ententes internationales ouvrières

Leçon de M. J. Zirnheld

Historique

Les premières relations internationales entre ouvriers se sont établies presque fortuitement, mais l'esprit des masses ouvrières avait été depuis longtemps préparé à la nécessité de la solidarité nationale et internationale par le développement du socialisme.

Les origines de la Première Internationale remontent à 1862. Une délégation ouvrière française qui avait été envoyée à Londres par le Gouvernement de Napoléon III, y rencontra les délégués des Trade-Unions. Une proclamation de solidarité

La Semaine Sociale va finir. N'avez-vous rien oublié ? La souscription au compte rendu ? Un coup d'œil aux éditions de la Semaine Sociale ? L'abonnement d'essai à la « Chronique Sociale de France » ?

qu'on appela le « manifeste des soixante » affirma la nécessité d'une entente entre travailleurs de tous les pays. Le 28 septembre 1864, une Association Internationale des Travailleurs était fondée dont les statuts furent rédigés par Karl Marx. Elle avait pour but la suppression du salariat, et son remplacement par la coopérative de production. Elle était plus socialiste qu'ouvrière, plus politique qu'économique.

Après une lutte assez vive entre socialistes-marxistes et anarchistes, elle prit fin en 1872.

En 1889, une deuxième Internationale fut fondée presque exclusivement marxiste. Elle fut troublée presque à ses débuts par la lutte entre le syndicalisme et la politique. Les syndicalistes remportèrent une première victoire au Congrès de Londres en 1896, victoire qui s'affirme de Congrès en Congrès : en 1902, à Stuttgart, par la création d'un secrétariat syndical international ; en 1910, à Berne, par la proposition de la création d'une internationale syndicale.

En 1908, les Confédérations nationales de syndicats chrétiens avaient, de leur côté, à Zurich, décidé la création d'un Secrétariat syndical et d'une Commission internationale.

La guerre de 1914 arrêta brutalement toute activité internationale. Cependant, au cours des hostilités, des réunions eurent lieu à Zimmerwald et à Kienthal, où se rencontrèrent les délégués des Confédérations socialistes des pays neutres et en conflit, et où Lénine apparut au firmament révolutionnaire en proposant la création d'une Internationale communiste, qu'il constitua d'ailleurs en 1916, à Moscou.

Les hostilités à peine terminées, tous les mouvements se reconstituent.

Du 26 juillet au 3 août 1919, l'Internationale Syndicale d'Amsterdam est créée ; du 15 au 19 juin 1920 la Confédération Internationale des Syndictas chrétiens est constituée à La Haye, son siège étant fixé à Utrech ; enfin en août 1920, sous le patronage de l'Internationale Communiste, naît l'Internationale syndicale de Moscou.

Etat actuel

L'Internationale Syndicale d'Amsterdam comprend à l'heure actuelle, près de 30 confédérations nationales et groupe 25 millions de travailleurs organisés. Sa doctrine est quelque peu flottante et elle est passée du révolutionnaire le plus caractérisé au réformisme le plus modéré, nous dirions presque à l'opportunisme. Malgré les crises violentes qui sont les caractéristiques des mouvements socialistes, elle conserve néanmoins une très forte influence sur la masse ouvrière et une très grande puissance d'action sur les gouvernements, les organismes internationaux, comme la Société des Nations et le B. I. T., et même auprès des Groupements patronaux.

L'Internationale syndicale de Moscou, dont les attaches avec l'Internationale communiste sont très étroites, gagne incontestablement en puissance d'action sur les masses ouvrières que l'opportunisme et la faiblesse de doctrine de l'Internationale d'Amsterdam déconcertent. Elle poursuit, d'ailleurs, une action spécifiquement révolutionnaire, méprisant comme contraires à l'intérêt de la masse ouvrière toutes les mesures d'ordre social, et portant tout son effort sur la préparation matérielle de la révolution. Il est impossible de connaître quels sont ses effectifs exacts en organisations ou en hommes, mais il est incontestable qu'elle recrute de nouveaux adhérents parmi la jeunesse ouvrière des deux sexes que l'éducation religieuse prépare tout particulièrement à subir son influence.

L'Internationale Syndicale Chrétienne d'Utrech comprend les confédérations de 10 pays groupant plus de 2 millions de travailleurs. Elle entretient de plus, des relations cordiales avec les Confédérations chrétiennes de cinq autres pays non encore affiliées, et un certain nombre de fédérations internationales professionnelles, de telle sorte que son influence s'étend sur près de 4 millions de travailleurs. Le programme de cette Internationale qui a fait l'objet d'une leçon documentaire à la Semaine Sociale du Havre, en 1926, s'apparente de très près à celui des Catholiques Sociaux.

En dehors de ces trois Internationales, les organisations américaines de travailleurs forment un quatrième groupe qui n'a pas encore accepté de joindre ses destinées à celles des internationales de la vieille Europe. Si quelques-unes de ces organisations se rapprochent de l'Internationale Chrétienne d'Utrech, la grande majorité semble partager la doctrine de l'Internationale d'Amsterdam et suivre son influence. Toutes les internationales ouvrières actuellement existantes présentent évidemment un point d'action commun : la défense et la libération du travailleur.

Le rôle des Internationales

Leur rôle devrait être de représenter les intérêts de la classe ouvrière et de préparer la collaboration avec les forces patronales. On ne saurait nier que l'Internationale d'Utrech comme celle d'Amsterdam, n'aient fait des efforts pratiques et parfois efficaces dans ce sens.

Gardez précieusement ce livret qui contient, — nous l'espérons, — vos notes personnelles. Il vous servira d'aide-mémoire dans les causeries que vous ferez sur la Semaine Sociale de Besançon.

Mais la doctrine de ces Internationales permet-elle d'envisager l'entente nécessaire entre les diverses forces de la production ?

Dès le début des relations internationales, les travailleurs ont cru qu'ils parviendraient à cette libération en devenant eux-mêmes producteurs, grâce à l'organisation coopérative. Les lamentables échecs qu'ils subirent leur firent abandonner momentanément cet espoir, mais toutes les internationales dont la doctrine est d'origine socialiste n'ont point abandonné ce but essentiel : la prise de possession des moyens de production. Qu'elles se contentent d'obtenir des améliorations sociales en vue de diminuer, petit à petit, la force et l'autorité patronales, ou qu'elles cherchent à obtenir par la conquête du pouvoir ou par la révolution brutale la possibilité de régenter l'économie, leur but, avoué ou non, reste le même.

Il faut bien reconnaître d'ailleurs que cette situation est peut-être moins la conséquence de la force de persuasion de la doctrine socialiste que de la persistance des erreurs qui ont fait naître cette doctrine et lui ont donné une si grande influence sur les masses.

Quoi qu'il en soit, on ne saurait trouver dans les Internationales d'Amsterdam et de Moscou les possibilités permanentes de collaboration qui sont nécessaires pour établir la paix sociale.

D'autre part, l'Internationale Syndicale Chrétienne est bien faible encore et combien discutée ; faut-il donc désespérer d'aboutir, et croire que nous allons à une catastrophe d'où naîtra, dans la douleur universelle, un ordre économique et social nouveau.

Non, si nous savons avoir confiance dans la fécondité de notre doctrine, et si, surtout, nous savons l'accepter avec toutes ses conséquences et toutes ses disciplines

Imp. Express, 46, r. Charité, Lyon — 12778

Vous continuerez chez vous la Semaine Sociale, en propageant et réalisant ses doctrines. Mais, comme ici, faites-nous part de vos désirs, de vos projets, de vos succès. Merci !

www.ingramcontent.com/pod-product-compliance
Ingram Content Group UK Ltd.
Pitfield, Milton Keynes, MK11 3LW, UK
UKHW021110290826
14628UKWH00014B/1557

9 782329 038636